CHANSONS

INÉDITES,

PAR BAUCHERY,

MEMBRE DU GYMNASE LYRIQUE.

Paris,

CHEZ LES MARCHANDS DE NOUVEAUTÉS.

—

1830.

IMPRIMERIE DE DAVID, BOULEVART POISSONNIÈRE, N° 6.

CHANSONS

INÉDITES.

CHANSONS
INÉDITES,

PAR BAUCHERY,

MEMBRE DU GYMNASE LYRIQUE.

Paris,
CHEZ LES MARCHANDS DE NOUVEAUTÉS.

1830.

Paris. — IMPRIMERIE DE DAVID,
Boulevart Poissonnière, n° 6.

PRÉFACE.

A MES CHERS COLLÈGUES DU GYMNASE
LYRIQUE.

Encouragé par l'indulgente amitié avec laquelle vous accueillez les productions d'une muse adolescente, j'ose livrer à la presse quelques-unes de ces chansons qui me furent inspirées par la verve et la chaleur des vôtres. Mes vers, qui jusqu'à ce jour n'ont encore passé que rapidement devant vous, vont se montrer dans toute leur faiblesse, et vos yeux exercés pourront apercevoir jusqu'au moindre de leurs défauts. Débarrassés du charme qui enveloppe toujours un refrain chanté dans un cercle animé par le plaisir et étranger aux sarcasmes, ils n'auront pour se défendre que la confiance que leur auteur met dans ses juges, persuadé d'avance que le conseil sera sans fiel, le jugement sans arrières-pensées..... La férule des censeurs auxquels je vais me soumettre aiguillonnera mon Pégase sans le blesser.

Toutes chances pesées par moi, je ne trouve qu'à gagner dans la hardiesse avec laquelle je m'expose en lançant au milieu de vous les reflets d'un feu alimenté par le foyer lyrique près duquel je me réchauffe souvent.

Puisse le public, qui n'est pas étranger à nos soirées, ne pas détruire mes illusions et ne pas être plus rigide que vous; car, habitué à lire, à chanter vos couplets, il en sentira mieux la différence. Mais une seule chose me rassure, c'est qu'étant votre collègue, par amitié pour mes aînés, il encouragera mes premiers essais, espérant trouver en moi par la suite un chansonnier digne de ses suffrages.

Voilà le songe qui me berce depuis

long-temps; heureux si le fouet du satirique ne vient pas me réveiller et faire tomber en sifflant les châteaux de cartes que je me plais à construire!

CHANSONS
INÉDITES.

Mon Entrée au Gymnase.

Air : Versez, amis, versez à tasse pleine.

A mon départ, Lisette, tu t'opposes ;
Mais je ne peux céder à ton amour.
Pour effeuiller encore quelques roses,
Je te promets de hâter mon retour.
.... Vas, ne crains pas que je sois infidèle,
Douce amitié ; car c'est toi qui m'attends.
Plus de baisers ; le Gymnase m'appelle :
  Adieu, Lisette, il n'est plus temps.

Ils m'ont nommé leur collègue, leur frère,
Et ces noms-là sont pour moi le réveil ;
Je cours vers eux, et semblable à la terre,
Je vais tourner à l'entour du soleil.
De sa chaleur l'influence nouvelle
Fructifiera peut-être mon printemps.
Plus de baisers ; le Gymnase m'appelle :
  Adieu, Lisette, il n'est plus temps.

Ce fut chez eux que l'on me vit naguère,
En chancelant, faire mes premiers pas.
Sans le vouloir, je quittai leur bannière;
Même en courant, je ne la suivais pas.
Ah! maintenant, en redoublant de zèle,
Je m'appuierai sur des amis constans.
Plus de baisers; le Gymnase m'appelle :
  Adieu, Lisette, il n'est plus temps.

Pour retracer notre amoureux délire,
Jusqu'en ce jour je t'ai livré mes vers;
Mais à présent, du fouet de la satire,
Je veux aussi frapper sur les pervers.
Lise, il le faut! Une secte rebelle
Nous étourdit par ses cris insultans.
Plus de baisers; le Gymnase m'appelle :
  Adieu, Lisette, il n'est plus temps.

A l'amitié, si je porte une offrande,
Bientôt vers toi je saurai revenir,
Et te tresser encore une guirlande
Où brilleront les fleurs du souvenir.
Pour que je puisse y joindre l'immortelle,
Ne me fais pas perdre ici mes instans.
Plus de baisers; le Gymnase m'appelle :
  Adieu, Lisette, il n'est plus temps.

Saint-Louis.

Musique de M. Fourcy,
Air de la Giroflée.

A l'ombre de l'épais feuillage
D'un arbre noirci par le temps,
Saint Louis, ce monarque sage,
Loin de sa cour et de ses camps,
Rendait justice à l'indigence ;
A plus d'un sujet alarmé
Il disait, tenant la balance
Que fixait l'œil de l'opprimé :
   Approchez sans trembler,
   Contez-moi votre peine ;
   Au pied de mon vieux chêne
   Je viens vous consoler.

Point d'or, de velours, ni d'hermine ;
Plus de ces soldats menaçans ;
Pour trône une vieille racine,
Le parfum des fleurs pour encens ;

Voilà le tribunal suprême
Où le coupable, en liberté,
Entendait la justice même
Qui lui disait avec bonté :
    Approchez sans trembler, etc.

Un jour une jeune bergère
Vient accuser un paladin ;
Le juge alors, d'un ton sévère,
Dit, regardant l'amant soudain :
Épouse-là ! — Quoi ! ma vassale !...
Sire, je suis un baronnet.
— Tu la trouvais bien ton égale
Quand ta bouche la flétrissait.
    Approchez sans trembler, etc.

Un jeune guerrier, l'œil en flamme,
S'approche et dit avec fureur :
Sire, justice je réclame !
Ce vieux soldat, de ma valeur
Doute à cause de ma jeunesse.
— Eh bien, mon fils, de ce guerrier
Pour punir l'orgueil qui te blesse,
Au combat sois son bouclier.
    Approchez sans trembler, etc.

Un frère reproche à son frère
D'avoir soustrait de sa moisson
Des blés étendus sur la terre,
Récoltés dans plus d'un sillon.
— Mais est-il riche ? — Hélas ! non, Sire ;
L'orage a détruit tout son bien.
— Comme un bon frère, va lui dire
Qu'il prenne la moitié du tien.
  Approchez sans trembler, etc.

Un prélat, en riche équipage,
Au roi dit : En vous j'ai recours ;
Accordez à notre village
Des aumônes et des secours.
— Eh bien ! dit le roi, mon bon père,
Vendez vos habits somptueux :
Ils ne verraient pas leur misère
Si vous étiez pauvre comme eux.
  Approchez sans trembler, etc.

Je te salue, asile antique !
Bois fortuné dont les bosquets
Semblent conserver la relique
De la justice et de la paix.
L'écho, d'une voix fugitive,
En prenant vers moi son essor,

Fait que mon oreille attentive
Entend au loin redire encore :
 Approchez sans trembler,
 Contez-moi votre peine ;
 Au pied de mon vieux chêne
Je viens vous consoler.

Le Lendemain des Amours.

Musique de M. Fourcy.

De ce jardin la rose la plus belle,
Qui, sous tes yeux, vient de s'épanouir,
Se fanera ; mais une fleur nouvelle
Naîtra près d'elle au souffle du Zéphir.
De son éclat se pare l'indiscrète,
Les doigts du Temps terniront son carmin :
De même, hélas ! ma gentille Lisette,
Plaisir d'amour n'a pas de lendemain.

Hier encor, sur ma bouche amoureuse,
Tu déposas un langoureux baiser,
Hier encore, une main curieuse
En s'égarant cherchait à m'embraser.
Lise, aujourd'hui, loin que mon feu te touche,
Ton regard froid recèle le dédain
Et mes baisers sont glacés sur ta bouche :
Plaisir d'amour n'a pas de lendemain.

T'en souvient-il, d'une gaze légère,
A peine hier tu me cachas ton sein;
Pour respirer plus librement, ma chère,
L'épingle encor se détacha soudain ;
Mais aujourd'hui de l'épingle infidèle
La pointe aiguë a déchiré ma main.
Tu ris.... hier, tu m'aurais plaint, cruelle :
Plaisir d'amour n'a pas de lendemain.

Vois ce bijou, gage de ma tendresse,
Il est par terre au chevet de ton lit;
Tu le reçus avec un air d'ivresse,
Et maintenant à tes pieds il languit.
Près de ton feu je vois mon écriture ;
Qui l'aurait cru qu'ils auraient ce destin?
Mes billets doux sont dans ta chevelure :
Plaisirs d'amour n'a pas de lendemain.

Je le vois bien, ah ! Lisette est volage ;
Le changement pour elle a des attraits;
Oui, quittons-nous. Pourtant c'est bien dommage!
Plus que jamais, Lisette, tu me plais ;
Allons, encore un peu de complaisance,
Baiser d'adieu ! plus de baisers demain ;
Je vais signer ton brevet d'inconstance :
Plaisir d'amour n'a pas de lendemain.

Enfin l'amour a repris son empire,
Et dans mes bras tu reviens doucement !
Ah ! de plaisir près de ton sein j'expire !
Et quoi ! ton cœur reste sans battement ?
Lorsque mes yeux se voilent par l'ivresse,
Ton regard suit et découvre au lointain
Un papillon qui voltige sans cesse :
Plaisir d'amour n'a pas de lendemain.

La Chasse aux Corbeaux.

—

AIR : **A la porte, à la porte, à la porte, tous ces gens-là.**

La neige couvre nos campagnes,
L'hiver lance ses aiguillons,
Et des gorges de nos montagnes
S'échappent de froids aquilons.
Portés sur leurs aîles glacées,
Sur nos villes, sur nos hameaux,
Jusqu'au fond même des vallées,
Viennent fondre de noirs oiseaux.
A la chasse ! à la chasse ! à la chasse !
Donnons la chasse à ces corbeaux !

Pour les prendre, il faut se résoudre
A ne les chasser que la nuit.
Mais ces oiseaux craignent la poudre,
Et s'envolent au moindre bruit.
Du moyen que souvent on use,
Sachons nous servir à propos :

Enveloppons-les, par la ruse,
Dans d'imperceptibles réseaux.
A la chasse! à la chasse! à la chasse!
Donnons la chasse à ces corbeaux!

L'aimable chantre du bocage
Ne fait plus entendre sa voix,
Nous ne voyons qu'un noir plumage
Balancer la cime des bois.
Ils sont là, qui font sentinelle,
Prêts à dépeupler nos ormeaux.
Quel dommage! si Philomèle
Avait quelques refrains nouveaux!
A la chasse! à la chasse! à la chasse!
Donnons la chasse à ces corbeaux!

Voyez-vous ce triste cortége,
Qui vient là bas sur ce chemin?
Ces villageois vont, sous la neige,
Creuser un lit pour leur voisin;
Car le pasteur d'un autre culte
Lui refuse un lieu de repos.
Mais quel est ce bruit? il insulte
A la majesté des tombeaux.
A la chasse! à la chasse! à la chasse!
Donnons la chasse à ces corbeaux!

Délivrons cette tourterelle,
Qui réclame notre secours.
L'un d'eux, dans sa serre cruelle,
Va presser l'oiseau des amours.
J'entends la pauvrette éplorée :
Ces cris s'adressent aux échos.
La courrière de Cythérée
Ne doit s'unir qu'aux tourtereaux.
A la chasse! à la chasse! à la chasse!
Donnons la chasse à ces corbeaux!

Enfin ils prennent leur volée.
Déjà le dernier disparaît.
Détournons cette troupe ailée,
Car la cité les reverrait.
A se loger ils sont habiles;
N'importe, églises, ou crénaux;
Ils ont bien assez de nos villes
Dégradé jadis les châteaux.
A la chasse! à la chasse! à la chasse!
Donnons la chasse à ces corbeaux!

Mes Premiers Amours.

Air : Il est si doux de faire des heureux.

Pour réchauffer ma muse trop glacée,
Pour ranimer ma verve et ma gaîté,
Il ne faudrait qu'une seule pensée
Qui me rendît à la réalité.
Ah ! si jadis ma voix fut indiscrète,
Elle a perdu ce défaut pour toujours ;
Mais laisse-moi, laisse-moi, ma Lisette,
Rêver encore à mes premiers amours.

T'en souvient-il ? près de ta bonne mère,
Dont le sommeil avait fermé les yeux,
Qu'un certain soir, je chantai, pour te plaire,
A basse voix quelques refrains joyeux.
D'un doux regard payant ma chansonnette,
Ta voix aussi me prêtait son secours ;
Ah ! laisse-moi, laisse-moi, ma Lisette,
Rêver encore à mes premiers amours.

Ta main souvent reposait dans la mienne ;
Je la brûlais du feu de mes désirs,
Et quand ma bouche osait toucher la tienne,
Là se bornaient nos innocens plaisirs.
Pourtant ton cœur, pour cacher sa défaite,
N'employait pas d'inutiles détours ;
Ah ! laisse-moi, laisse-moi, ma Lisette,
Rêver encore à mes premiers amours.

Je m'en souviens, d'une rose entr'ouverte,
L'épine un jour traversa ton corset ;
J'allais soudain, d'une main trop alerte,
En arracher le bois, qui te blessait ;
Ton front rougit : bientôt ma main s'arrête ;
Ton innocence en suspendit le cours :
Ah ! laisse-moi, laisse-moi, ma Lisette,
Rêver encore à mes premiers amours.

Rappelle-toi le jour de l'hyménée,
Quand du retour on donnait le signal,
Entre mes bras tremblante, abandonnée,
Tes pleurs mouillaient ton bouquet virginal.
Tu t'en souviens, car ta bouche muette
En ce moment sourit à mes discours ;
Ah ! laisse-moi, laisse-moi, ma Lisette,
Rêver encore à mes premiers amours.

Le temps s'enfuit, mais ton œil brille encore :
Les ans n'ont fait qu'effleurer tes attraits ;
Si tu n'es plus à ta brillante aurore,
C'est que ta fille en a pris les reflets.
En te voyant parer sa collerette
Et présider à ses simples atours,
Je te revois, ô ma bonne Lisette !
Et rêve encore à mes premiers amours.

Le Marchand de Vieux Habits.

Air : Non, jamais, jamais,
Je ne quitterai ma chaumière.

Voulez-vous un vieil habit,
J'en ai de toutes les formes;
De manteaux et d'uniformes,
Venez j'ai le débit.

Mon magasin a pour enseigne
En grosses lettres *le Hasard ;*
Jamais personne ne dédaigne
D'y jeter un petit regard :
Il offre une ressource
A l'œil du connaisseur;
Venez vous dont la bourse
Est de mince grosseur.
Voulez-vous, etc.

Voici l'habit d'un militaire
Tombé sur le champ de l'honneur;
Il est rapiécé, mais j'espère
Qu'il pourra me porter bonheur..

On voit encor la trace.
Du plomb qui, je le crois,
Frappa juste à la place
Où reposait sa croix.
  Voulez-vous, etc.

Voici l'habit d'un homme en place
Jadis au faîte du pouvoir,
Il en tomba par la disgrace
Que le sot n'avait pu prévoir.
 Il suivit d'un Tartuffe
 Imprudemment l'essor ;
 Voyez-vous, une truffe,
 Dans sa poche est encor.
  Voulez-vous, etc.

Ce vieil habit de domestique
On en donnera presque rien ;
Vite ôtons-le de ma boutique,
Il sent encore le vaurien :
 Sous mes doigts il s'arrache,
 Quoique le drap soit gros,
 Car les coups de cravache
 En ont usé le dos.
  Voulez-vous, etc.

De cette sinistre enveloppe
Afin de nous débarrasser,
Dans le faux jour de mon échoppe
Exprès il faudrait la placer ;
  Un petit fils d'Ignace
  Peut acheter cela :
  Un manteau plein de crasse
  Convient à Loyola.
    Voulez-vous, etc.

Franchement je suis honnête homme,
Pour peu je pourrai vous vêtir.
Dans tout Paris on me renomme,
Mais il serait temps d'accourir.
  Toutes ces friperies
  Augmenteront de prix,
  Puisque les vieilleries
  Sont en vogue à Paris.
    Voulez-vous un vieil habit,
    J'en ai de toutes les formes ;
    De manteaux et d'uniformes,
    Venez, j'ai le débit.

Conseils à Lisette.

Musique de Bonnisso.

Toi, dont j'ai rêvé l'existence
Dès que mon cœur a palpité,
Que j'aimais pour ton innocence
Plus encor que pour ta beauté,
Tu fuis loin de mon ermitage,
Pour suivre un riche séducteur:
Lisette, ah! reviens au village!
On y peut trouver le bonheur.

Sur la route où l'orgueil te lance,
Tes jours marcheront à grands pas.
Tu vas recevoir l'opulence,
En échange de tes appas;
Mais le temps fuit.... Crains son ravage!
L'or ne fléchit pas sa rigueur :
Lisette, ah! reviens au village!
On y peut trouver le bonheur.

Le char pompeux que ta jeunesse
Conduit au gré de tes désirs,
En s'échappant avec vitesse,
Ne fait que heurter les plaisirs.
Prends garde!... Ce riche équipage
Laisse après lui le déshonneur :
Lisette, ah! reviens au village !
On y peut trouver le bonheur.

Là-bas, le baiser qu'on te donne,
Pour la beauté n'est qu'un affront ;
Il flétrit la blanche couronne
Qui brille encore sur ton front.
Zéphir, caressant ton visage,
Augmentait ici sa fraîcheur :
Lisette, ah! reviens au village !
On y peut trouver le bonheur.

Un lit, où le regret sommeille
Près du dégoût et de l'ennui,
Un boudoir, où l'amour s'éveille
Maussade et fatigué de lui,
Ne vaudront jamais le bocage
Où le matin s'ouvre la fleur :
Lisette, ah! reviens au village !
On y peut trouver le bonheur.

Reviens, inconstante Lisette;
Loin du hameau qu'espères-tu ?
Viens voir un seul instant, coquette,
Le prix donné pour la vertu !
La rose, offerte à la plus sage,
Demain embellira ta sœur :
Lisette, ah! reviens au village!
On y peut trouver le bonheur.

La Vieille Méchante.

Air du Vieillard de Théos.

Jadis la vieille châtelaine
D'un manoir tombant en débris,
D'un œil où respirait la haine
Comtemplait ses tristes lambris.
Son front, sillonné par les rides,
S'inclinait sous la main du Temps;
Et ces mots, au bruit des autans,
Sortaient de ses lèvres livides :
    Malheur, malheur,
A l'innocence, à la fraîcheur,
A la pudeur, à la jeunesse,
Et que ma brûlante vieillesse
Dessèche et frappe sans retour
Tout ce qui respire l'amour.

J'entends au-dessus de ma tête
Gronder la foudre avec fureur,
Et les éclats de la tempête
Trouvent des échos dans mon cœur.

Du soufre dont tu le composes
Entr'ouvre aujourd'hui les volcans ;
Dirige-les, que leurs torrens
Aillent décolorer les roses !

    Malheur, malheur, etc.

Dans les créneaux de ma retraite
L'oiseau des nuits doit seul loger ;
Chassons, chassons cette fauvette
Qui sous mes yeux vient voltiger.
Ah ! loin que son chant m'évermeille,
Il fait revivre mon effroi ;
Les tristes sons de mon beffroi
Conviennent mieux à mon oreille.

    Malheur, malheur, etc.

Déjà s'est éloigné l'orage,
Le villageois retourne aux champs,
Et des habitans du village
J'entends au loin les joyeux chants ;
Ils excitent ma jalousie.
Vous vieillirez, êtres pervers !
Je vous souhaite des hivers
Aussi froids que ma triste vie.

    Malheur, malheur, etc.

Eh quoi ! mon regard perce encore
Assez loin pour apercevoir
Cette nature que j'abhore,
Que bientôt je ne pourrai voir !
Tout renaît et tout se relève,
Lorsque j'attends un long sommeil ;
La nature est à son réveil,
Et je n'existe plus qu'en rêve.
    Malheur, malheur, etc.

Ainsi parlait cette mégère,
Lorsque deux pigeons caressans
Vinrent redoubler sa colère
Par leurs jeux, leurs feux innocens.
Son chien s'élance, puis dévore
Ces oiseaux brûlans de désir :
Elle jette un cri de plaisir ;
Elle expire en disant encore :
    Malheur, malheur
A l'innocence, à la fraîcheur,
A la pudeur, à la jeunesse,
Et que ma brûlante vieillesse
Dessèche et frappe sans retour
Tout ce qui respire l'amour !

Le Troubadour.

Air : Du Grenier (de Béranger).

Nuage épais, qui voile mon génie,
Dissipe-toi ! Vous, Muses, de mes sons
Venez régler et doubler l'harmonie ;
J'attends de vous les plus douces leçons.
Et toi, Zéphir, de tes ailes aimables,
Viens m'inspirer, me charmer tour à tour.
Ne sifflez plus, aquilons redoutables ;
Laissez chanter le pauvre troubadour.

L'ambition, de flammes dévorantes,
De mon printemps colora l'horizon,
Lorsque sa coupe, à mes lèvres brûlantes,
Porta les flots du séduisant poison.
Mais, plus heureux que ne fut Prométhée,
J'ai terrassé, j'ai vaincu le vautour.
Richesse, honneur, fuyez de ma portée !
Laissez chanter le pauvre troubadour.

De Béranger voulant briser la lyre,
Thémis, en vain, la frappa de ses coups;
Elle ne put appaiser son délire,
On l'entendit encor sous les verroux.
Au noble élan de son âme ravie,
L'écho disait, dans ce triste séjour:
Dormez, esprit et de haine et d'envie;
Laissez chanter le pauvre troubadour.

Un arbrisseau, du sein de ma patrie,
Reçut la sève, et grandit tout-à-coup;
Des vents long-temps il dompta la furie,
Et ses rameaux se transplantaient partout.
Un ouragan, qui soudain se déchaîne,
Vient le briser... Vers moi, chut! on accourt...
Maudits censeurs! je veux parler d'un chêne;
Laissez chanter le pauvre troubadour.

L'œil attentif aux progrès de la vigne,
J'ai vu s'ouvrir tous les bourgeons nouveaux;
Rayon d'espoir, qui toujours nous désigne
Des grapillons les verdoyans berceaux.
J'ai vu la fleur; mais un temps trop funeste
La fit couler.... et mes pleurs à leur tour!
Dieu des raisins, faites mûrir le reste:
Laissez chanter le pauvre troubadour.

Entre vous deux, quand mon cœur se partage,
Bouteille, amie, en suivant mon destin,
Ma lyre aussi, sur un cœur trop volage,
Peut bien avoir des droits. Chaque matin,
Pour me soustraire aux lois de ton empire,
Gentil flacon, cache-moi ton contour;
Mets une épingle à ton fichu, Palmyre!
Laissez chanter le pauvre troubadour.

Rachel.

Musique de Dauvé.

Otons ces fleurs que la douce espérance
Chaque matin ne remplacerait pas.
Plus de bonheur, de sermens, d'alliance!
Un dieu jaloux a proscrit mes appas.
Seule à présent, dans le sein du mystère,
Avec ennui vont s'écouler mes jours.
Pauvre Rachel! est-il donc sur la terre
Un autre dieu que le dieu des amours?

Sans consulter quelle était sa croyance,
Je lui jurais amour, fidélité.
Quoi! les sermens prêtés par l'innocence
Sont repoussés par la divinité!
Pourquoi ce dieu, que l'on peint si sévère,
De nos baisers n'arrêtait-il le cours?
Pauvre Rachel! est-il donc sur la terre
Un autre dieu que le dieu des amours?

Un froid ministre hier a mis en poudre
Les derniers mots que l'amour me dictait,
Et de ses dieux il appela la foudre
Sur les liens que ma plume invoquait.
Et malgré lui, sur l'arbre solitaire,
Nos noms gravés doivent rester toujours.
Pauvre Rachel! est-il donc sur la terre
Un autre dieu que le dieu des amours?

Quand, pour vider la coupe de l'ivresse,
Le Créateur n'élève qu'un autel,
Peut-on rougir de chercher la tendresse
Entre les bras d'un enfant d'Israël?
Pour la colombe élevée à Cythère,
Noirs desservans, vous êtes des vautours.
Pauvre Rachel! est-il donc sur la terre
Un autre dieu que le dieu des amours?

Les Vendanges.

Air du Renégat.

De l'été les feux trop brûlans
Ont fait place au frais de l'automne,
Puis à des zéphirs indolens
Succède le vent qui résonne;
Par ses efforts jusqu'à moi ce matin
Viennent ces mots prononcés au lointain :
    Amour, parmi nous tu te ranges
    Quand Bacchus exauce nos vœux,
    Et tu viens au sein des vendanges ⎫
    A la grappe prêter tes feux. ⎭ *bis.*

A ces mots mon cœur palpitait,
Ma Lisette fut délaissée;
Je cours, le plaisir me portait
Vers la vendange commencée.
Dieux! quels tableaux sont offerts à mes yeux,
Tout s'animait à ce concert joyeux.
    Amour, parmi nous, etc.

Dépouillant les pampres flétris,
Au panier l'on jette la grappe;
Des grains l'un par l'autre meurtris
Un jus impatient s'échappe.
Le vigneron chargé de son tonneau
Chante et bénit son précieux fardeau.
 Amour, parmi nous, etc.

La vendangeuse a sur le sein,
Au lieu de fleur, grappe murie,
Et sur ce palpitant coussin
S'échauffe la liqueur chérie;
En se mêlant ce raisin là, ce soir,
Embrâsera la cuve et le pressoir.
 Amour, parmi nous, etc.

Là sans contrainte la beauté
Par le plaisir est enivrée,
Du nectar de la volupté
Sa bouche porte la livrée;
Par un larcin son amant tour à tour
Peut savourer et le vin et l'amour.
 Amour, parmi nous, etc.

De son vignoble souverain,
Le maître à face rubiconde,

N'a pas besoin d'un joug d'airain
Pour que sa troupe le seconde ;
A ses sujets ses trésors sont offerts,
Boire est sa loi, des pampres sont ses fers.
 Amour parmi nous tu te ranges
 Quand Bacchus exauce nos vœux,
 Et tu viens au sein des vendanges ⎫
 A la grappe prêter tes feux. ⎬ *bis*.
            ⎭

Colin à Paris.

Air : Non, je ne saurais trop vous dire
Ce que j'éprouve en vous voyant.

Par le désir de voir Paris,
Poussé malgré son innocence,
Un certain jour Colin s'élance
Vers le séjour des jeux, des ris ;
Jugez combien il fut surpris !
Loin de sa retraite sauvage,
Il se réveille un beau matin
En remerciant le destin.
Il arrivait de son village,
Comme il était simple Colin !

En voyant de notre cité
Et la grandeur et la richesse,
Il s'écriait dans son ivresse :
Suis-je dans un monde enchanté ?
Quel éclat, quelle majesté !

La beauté paraît douce et sage,
Je vois sur chaque citadin
La confiance au front serein.
En arrivant de son village,
Comme il était simple Colin!

Dans un temple offert au Seigneur,
Où l'encens parfumait la voûte ;
Il entre, s'agenouille, écoute
Le sermon d'un prédicateur
Qui faisait trembler le pécheur.
Il se dit : ce saint personnage,
Dont le langage est si divin,
Doit être vertueux, humain.
En arrivant de son village,
Comme il était simple Colin !

Bientôt sur le séjour des rois
Son œil étonné se promène,
Ebloui, respirant à peine,
Il se dit, mais à basse voix :
Est-ce à l'homme ce que je vois ?
Celui qui tient cet héritage
Doit avoir un dieu pour parrain
Et doit ignorer le chagrin.
En arrivant de son village,
Comme il était simple Colin!

Il voit à travers les vitraux
Des seigneurs à démarche fière,
Hommes d'état, hommes de guerre,
Des ministres, des cardinaux,
Et Colin dit encore ces mots :
Tous ces gens là vont, je le gage,
Par leurs vertus, du bon chemin
Montrer la route au souverain.
En arrivant de son village,
Comme il était simple Colin!

On m'a dit que deux mois après,
Foi de Parisien je l'atteste,
Colin, d'un pas beaucoup plus leste,
Sans doute ayant fait des progrès,
Retournait chez lui sans regrets.
Il rapporta de son voyage
Peu de richesses, mais enfin
Un jugement beaucoup plus sain :
En retournant à son village,
Il était bien changé Colin !

Le Baiser d'Amour.

Air : De la ballade de Leycester.

Au temps de la chevalerie,
Au fond d'un illustre manoir,
Sur la lyre de Vallerie
De jolis doigts erraient un soir.
Zéphir emportait sur son aile
Ces mots prononcés par la belle :
« Non, le noble éclat de la cour
« Ne vaut pas un baiser d'amour ! »

Déjà, des nuits blanche compagne,
Tu viens éclairer nos bosquets,
Et ton reflet, sur la campagne,
Va ramener un air plus frais.
Auprès de l'amant qui sut plaire,
Quand ton pâle flambeau l'éclaire,
Non le noble éclat de la cour
Ne vaut pas un baiser d'amour !

Tels on voit les gazons humides,
Que l'aurore vient d'arroser,
Je sens, sur mes lèvres timides,
La douce empreinte du baiser.
Si, parfois, se sèche sa trace,
Un autre baiser la remplace.
Non, le noble éclat de la cour
Ne vaut pas un baiser d'amour!

Perles, dont ma tête est parée,
Qu'êtes-vous ?.... De froids ornemens
Auprès de l'image adorée
Qui du cœur sent les battemens;
Car si, parfois, elle vous touche,
Vous restez froides sur ma bouche.
Non, le noble éclat de la cour
Ne vaut pas un baiser d'amour!

Le Printemps du Buveur.

Air : Si je prétends lui déclarer la guerre,
   Ah ! c'est pour mieux le forcer à la paix.

Fils de Bacchus, partisans d'Érigone,
Dans ce cristal, qu'aux francs buveurs je tends,
Venez puiser tous les feux de l'automne
Pour rallumer ceux de votre printemps.

Plus de glaçons, de neige, de froidure ;
L'oiseau joyeux s'élance dans les airs ;
De son manteau notre bonne nature
A fait tomber le givre des hivers.
Fils de Bacchus, etc.

Les fers glacés, qui retenaient la Seine,
Se sont brisés, et déjà, sur ses flots,
Le Bourguignon, en chantant, nous amène
Le jus extrait du fruit de ses côteaux.
Fils de Bacchus, etc.

Tel un amant, sous le voile qui s'ouvre,
Cherche, en tremblant, à faire un doux larcin;
Dans ces bourgeons, que le soleil entr'ouvre,
Déjà mon œil a cherché le raisin.
Fils de Bacchus, etc.

Le ceps noirci renaît et se relève;
Il jette au loin ses rameaux reverdis,
Où va couler la bienfaisante sève
Qui doit bientôt se changer en rubis.
Fils de Bacchus, etc.

Ce doux zéphyr, qui déjà dans la plaine
A chaque fleur annonce son réveil,
Rafraîchira plus tard, de son haleine,
Les grains brûlés par l'ardeur du soleil.
Fils de Bacchus, etc.

Je crois entrer dans une autre existence,
Car en ce jour mon cœur est transporté
Du gai printemps, rayonnant d'espérance,
A la saison de la réalité.

Fils de Bacchus, partisans d'Érigone,
Dans ce cristal, qu'aux francs buveurs je tends,
Venez puiser tous les feux de l'automne
Pour rallumer ceux de votre printemps,

Le Vieux Berger.

Air : Il ne faut pas juger les gens
Sur l'apparence.

Vers des débris que deux siècles passés
Avaient couvert et de mousse et de lierre,
Des villageois paraissaient empressés
   Près d'un vieillard dont la prière
   Chez eux répandait la terreur
   Et redoublait leur ignorance ;
   En profitant de leur bon cœur
   Il disait avec assurance :
Ah ! gardez-vous, gens de ce voisinage,
De résister ou de fuir mon passage ;
   Le vieux berger, puissant et sage,
     Peut sans effort
     Jeter un sort
     Sur ce village.

Je suis bien vieux, mais vous ne pouvez voir
Combien mon front a connu la tempête ;

Comptez par siècle et vous pourrez savoir
L'âge qui pèse sur ma tête ;
Mais j'eus aussi de beaux printemps
Malgré mainte ride profonde ;
Aujourd'hui je ressemble au Temps
Assis sur les débris du monde.
Ah ! gardez-vous, etc.

Tous mes secrets sont écrits dans les cieux,
Mon œil perçant à son gré peut y lire ;
Le voile épais dont se couvrent les dieux
Pour moi s'entrouvre ou se déchire.
Je peux jusqu'aux pieds du Très-Haut
Faire parvenir vos demandes ;
Mais avant, mes enfans, il faut
Le disposer par des offrandes.
Ah ! gardez-vous, etc.

Voyez ici les restes d'un manoir,
Ce fut l'asile où brillait la noblesse.
Bien fatigué je m'y présente un soir,
On m'en repousse avec rudesse.
Je m'en vengeai, la liberté
A ma voix déploya ses ailes :
Sous son niveau l'égalité
Fit passer tous ces infidèles.
Ah ! gardez-vous, etc.

Combien de fois un docteur peu savant
D'un mal cuisant ne put trouver la source?
Pour l'appaiser vous échangez souvent
Pour des prières votre bourse.
Bien plus éclairé qu'un docteur,
J'ai des remèdes salutaires,
Et je sais de votre pasteur
Ce que valent tous les mystères.
Ah! gardez-vous, etc.

Je peux d'un mot protéger vos amours,
Je peux d'un geste éloigner un orage.
Instruits par moi, vous verrez tous les jours
Croître, augmenter votre héritage.
Avant de savoir mon secret....
Apprenez qu'il est nécessaire
Qu'on me paie ici l'intérêt
Du bien que je prétends vous faire.
Ah! gardez-vous gens de ce voisinage
De résister ou de fuir mon passage,
Le vieux berger puissant et sage
Peut sans effort
Jeter un sort
Sur ce village.

Le Voile transparent.

Air : Tout doucement, ou nous rendra meilleurs.

Douce amitié, les accords de ma lyre
T'ont bien souvent fait sourire à ma voix,
Et l'indulgence, en chassant la satire,
Sous son manteau me dérobait parfois ;
Mais aujourd'hui vous voyez ma faiblesse,
Dois-je me mettre encore à votre rang ?
De votre égide, ah ! couvrez ma jeunesse,
Cachez-moi bien... le voile est transparent.

Vers ce cristal qui carresse la plaine
Et dont les flots roulent sous ce bosquet,
Le feu du jour, ma Nicette, t'entraîne,
Et ce ruisseau t'offre un lit indiscret.
Pour savourer la fraîcheur de sa source,
Ah ! que ta main trouble au moins son courant !
Scamandre (*) ici peut diriger sa course,
Cache-toi bien, le voile est transparent.

* Fleuve dont parle Lafontaine.

Quoi ! chaque jour sur la pierre glacée,
Dès que l'Aurore a brillé de ses feux,
Gentille veuve, une douce pensée
Se mêle aux pleurs échappés de tes yeux.
Dans ton boudoir certain blondin, ma belle,
Saura bientôt arrêter leur torrent ;
Ton cœur l'attend, la nature l'appelle,
Cache-toi bien, le voile est transparent.

Mais quel dépit se peint sur ton visage ?
Quoi ! ton regard foudroie ton miroir !
Qu'as-tu donc vu ?... Sans doute le présage
Qui de Saturne annonce le pouvoir.
Ton œil s'éteint et ton front se sillonne,
Ta main s'égare et dérobe en tremblant
Un cheveu blanc gissant sous ta couronne :
Cache-le bien, le voile est transparent.

Faible mortel, que l'aveugle Fortune
Couvre en passant de son écharpe d'or,
Fais à ton tour sentir à l'infortune
Quelques rayons de son rapide essor;
Mais que la main qui s'ouvre à l'indigence
Soit invisible et donne en s'échappant.
Laisse un désir à la reconnaissance,
Cache-toi bien, le voile est transparent.

Il est un Dieu dans cette plaine immense
Où va se perdre, errer plus d'un regard ;
Il est un Dieu, sa foudre ou sa clémence
Atteint sans bruit les mortels tôt ou tard.
Par l'athéisme en vain, Paul, tu réprouves
Ce feu sacré, cet espoir consolant.
Seul en ton cœur toujours tu le retrouves :
Cache-toi bien, le voile est transparent.

Les Souvenirs de Jeunesse.

Air de Notre-Dame de Mont-Carmel.

Entrez, entrez, vieille Perrette,
Déjà pétille le sarment ;
Sa vive flamme se projette
Sur mon gothique ameublement ;
De mon foyer presque en ruine,
Que les amours ont délaissé,
Approchez-vous, pauvre voisine,
Et rappelons le temps passé.

Jadis les murs de ma chaumière
Au printemps se couvraient de fleurs ;
Ils ne sont plus, l'antique lierre
En a remplacé les couleurs ;
Mais de l'amitié c'est l'image,
Et, par les souvenirs bercé,
Je vois encor sous son feuillage
Toutes les fleurs du temps passé.

Rappelez-vous ce jour de fête
Où l'amour, embrâsant mon cœur,
Me fit tenter votre conquête,
D'où, je crois, je sortis vainqueur;
Le feu qui brûlait ma jeunesse,
Par un demi-siècle éclipsé,
N'apporte plus à ma vieillesse
Que les reflets du temps passé.

Je conserve dans ma mémoire,
Près du souvenir des amours,
Quelques vieux souvenirs de gloire
Qui me rajeunissent toujours;
Et lorsque de l'œil je mesure
Le sang que jadis j'ai versé,
Je relis sur chaque blessure
Les victoires du temps passé.

Si loin de la saison charmante
Où, vieillesse, tu nous conduis,
Nous ressemblons à cette plante
Qui n'offre plus ni fleurs ni fruits.
Au lieu de croître, on dégénère;
Mais quoique l'arbre soit glacé,
Nous tenons encore à la terre
Par les liens du temps passé.

La Clé des Champs.

Air : Ah! plus, amour, tu nous causes de peine.

Un jour, tombé loin du nid de sa mère,
Un faible oiseau fut par moi recueilli ;
Ayant bientôt calmé sa peine amère,
De jour en jour j'en étais accueilli.
Mais par degré s'augmentait son plumage ;
Pour me payer de mes soins si touchans,
En me faisant entendre son ramage,
Le rossignol a pris la clé des champs.

Le petit dieu que l'on fête à Cythère,
Vieille coquette, est pour toi sans retour ;
De ses plaisirs tu connus le mystère,
Laisse Cloris le connaître à son tour.
Tant qu'il trouva près de toi la jeunesse
Et la fraîcheur des appas de quinze ans,
Il accourut ; mais devant ta vieillesse
Le rossignol a pris la clé des champs.

Garde, Mondor, les trésors que tu m'offres;
Tu veux en vain enchaîner mes accens,
Et pour tout l'or englouti dans tes coffres
Tu ne pourrais acheter mon encens.
J'aime bien mieux fredonner au bocage,
En liberté dire mes joyeux chants.
Pourquoi dorer les barreaux de sa cage,
Le rossignol a pris la clé des champs.

J'eus un ami tombé dans l'infortune,
En le voyant mon cœur en eut pitié;
Sans posséder les dons de la fortune
Je lui donnai le pain de l'amité.
Il gazouilla le mot reconnaissance,
Il ne voyait loin de moi que méchans;
Mais un beau jour lui revint l'opulence...
Le rossignol a pris la clé des champs.

Mes bons amis, dans ce monde éphémère
Que de chagrins pour si peu de plaisirs!
Un seul instant de bonheur sur la terre
Est effacé par de nombreux soupirs.
Lorsqu'Atropos dans son funèbre asile
Me frappera de ses ciseaux tranchans,
Ah! dites-bien : pour un monde tranquille
Le rossignol a pris la clé des champs.

Les Ruines de Paris.

SONGE.

Air : Il vit heureux dans sa chaumière.

Lève ce voile et tourne enfin la vue,
Faible mortel, vers le sombre avenir ;
Pourquoi fixer la céleste étendue,
Audacieux! toi seul tu dois finir.
C'est à tes pieds, c'est dans ta fourmillière
Qu'il faut jeter des regards infinis.
Vois-tu d'ici, vois-tu ce peu de terre ?
Voilà l'endroit, mon fils, où fut Paris.

Mais tu pâlis! ranime ton courage!
Tiens, prends mon bras, suis mes pas chancelans :
Je te conduis au milieu du ravage
Qui se cachait sous les ailes du Temps.
Viens saluer ces marbres funéraires,
Viens contempler ces orgueilleux débris ;
Berceau des arts et tombeau de tes pères,
Voilà l'endroit, mon fils, où fut Paris.

Ah ! malgré toi tu t'arrêtes, je pense,
A cette place où tu vois à la fois
Glaives rouillés, forgés pour la puissance,
Sceptres brisés, tristes hochets des rois.
Là, le mortel qui bravait la tempête,
Le front orné d'un bandeau de rubis,
A maintenant des ronces sur la tête :
Voilà l'endroit, mon fils, où fut Paris.

Là s'élevait vers la voûte éthérée
Ce monument qui menaçait les dieux,
Et dont long-temps la tête révérée
Semblait vouloir escalader les cieux.
On lui lança les foudres politiques ;
Il résista !... mais les ans réunis
Ont dispersé ces bronzes héroïques :
Voilà l'endroit, mon fils, où fut Paris.

Sous ces débris, au temps de la vengeance,
On entendait de sinistres concerts ;
Là, bien des fois, les cris de l'innocence
Se sont mêlés au froissement des fers.
Toujours Thémis confondit ses victimes ;
Et réunis sous ces tristes lambris,
Dorment encor les vertus et les crimes
Voilà, mon fils, l'endroit où fut Paris.

Vois ce laurier, que la bise balance,
Lancer au loin ses rameaux ondoyans ;
Prosterne-toi, que ta reconnaissance
Paie un tribut à ces nobles restans.
Là reposaient tous les feux de la guerre,
Ces preux blessés, l'orgueil de ton pays ;
Ils sont éteints, ils ont brillé naguère :
Voilà l'endroit, mon fils, où fut Paris.

Mais c'est assez, car les vapeurs d'un songe
En ce moment obscurcissent tes yeux.
Réveille-toi.... Ce n'est pas le mensonge
Qui t'a guidé vers ces déserts poudreux.
Des jours viendront, ma parole est certaine
(C'est le Destin qui t'en donne l'avis),
Où le vieillard, aux rives de la Seine,
Dira : Voilà l'endroit où fut Paris.

Le Mal d'Amour.

Air d'Aristippe.

Adieu plaisirs que m'offrait l'innocence,
Tranquille paix que l'on goûte à quinze ans ;
Un feu secret, de mon adolescence
A consumé les tableaux séduisans.
Mon cœur en vain chasse cette chimère,
Elle me suit; je la vois chaque jour
Plus séduisante au milieu du mystère ;
Mais à qui donc parler de mon amour ?

Cachons-la bien, cette flamme indiscrète,
Même à celui qui l'alluma soudain ;
Et désormais que ma bouche muette
A son approche exprime le dédain.
Fuyons plutôt !... redoutons sa présence ;
Tout devant lui me trahit tour-à-tour :
Le fuir aussi, c'est doubler ma souffrance ;
Mais à qui donc parler de mon amour ?

La simple fleur que donne la nature
Sur maints bijoux avaient jadis mon choix,
Mais à présent recherchant la parure,
A la changer je me surprends dix fois.
Hélas! pour qui doublerais-je mes charmes?
J'aime en secret, sans espoir, sans retour,
Et mon miroir ne m'offre que des larmes;
Mais à qui donc parler de mon amour?

Je fuis les jeux qu'on recherche au village,
Ils ont perdu leurs attraits, leurs douceurs;
Je me crois vieille, et seize ans est mon âge;
Je ris et suis prête à verser des pleurs.
Ah! de ce mal la douleur est amère!
Ce feu brûlant me poursuit chaque jour
Sous le baiser que me donne ma mère;
Mais à qui donc parler de mon amour?

Je vais, aux pieds de la sainte madone,
Aller porter ce tribut du printemps.
Jadis j'y vis déposer la couronne
Qu'en son honneur tressèrent deux amans.
Hier, déjà je le fis ce voyage,
Et n'étais pas guérie à mon retour:
Ils étaient deux pour ce pélerinage;
Mais à qui donc parler de mon amour?

La Moisson.

Musique de D....

Disque brillant qui fécondes la terre,
Seul Dieu visible et que nous chérissons,
Au monde errant autour de ta lumière
Lance les traits de ton feu salutaire;
Dieu! de nos champs protége les moissons!

Prêt à tomber... sur d'autres il domine
Lourd des trésors renfermés dans son sein,
Déjà l'épi sur sa tige s'incline,
Comme ébloui par la flamme divine
Qui du Levant s'échappe le matin.

Brillant Phébus, quand le blé se colore
Et se présente aux fers des moissonneurs,
Quelques bleuets tombés des mains de Flore
Sont un bienfait dont la nature encore
Vient embellir et semer tes faveurs.

Si tes rayons frappent et rembrunissent
Du laboureur le front calme et serein,
Son œil joyeux, dans les grains qui jaunissent,
Puise l'espoir, et ses bras qui vieillissent
Par ce regard sont rajeunis soudain.

En franchissant cette brillante arène,
Daigne pourtant amortir ton foyer;
Vois ce vieillard qui lentement se traîne,
Se courbe enfin et ramasse avec peine
Quelques épis que l'on vient d'oublier.

Ah! près de moi, gentille moissonneuse
En sommeillant entrouvre son mouchoir ;
Cache tes feux, leur chaleur dangereuse
Pourrait ternir de la belle dormeuse
Le sein charmant, qu'elle laisse entrevoir.

Par ton pouvoir dissipe ce nuage
Qui lance au loin ces cruels aiguillons ;
Ce noir rideau, précurseur de l'orage,
Peut en tombant étendre son ravage
Et renverser l'espoir de nos sillons.

La Bonne Vieille.

Air du Vieillard de Théos.

Mes petits enfans, au village,
Dans mon vieux temps comme on s'aimait!..
Et même dans l'hiver de l'âge,
On plaisait encore, on charmait.
Doux instans, rapide jeunesse,
Vous avez passé sur mon cœur;
Je ressens encor votre ardeur
Qui vient réchauffer ma vieillesse.
  Amour, amour, amour,
  Tu m'as fui sans retour;
Mais ton souvenir reste encore,
Et des plaisirs de mon aurore,
Enfans, j'aime les souvenirs!
Contez-moi, contez-moi vos plaisirs.

Voyons, ma gentille Lisette,
As-tu de galans amoureux;
C'est que, jadis, j'étais coquette :

A ton âge, j'en avais deux.
L'un me parlait de mariage,
L'autre, ne m'en parlait jamais;
Le premier, vraiment, je l'aimais,
L'autre me plaisait davantage.
 Amour, amour, amour, etc.

Ma fille, vois-tu ce bocage!
Dis-le moi? parfois, y vas-tu?
Prends garde, car, sous ce feuillage,
J'ai mis en défaut ma vertu.
Tu rougis.... conviens-en, ma chère :
Il faut que chacune ait son tour!
Tâche d'y retrouver, un jour,
La fleur que perdit ta grand'mère.
 Amour, amour, amour, etc.

Mon séducteur fut infidèle!
...... Pauvre enfant, le tien l'est aussi ;
Par Colas, sans mot, sans querelle,
Mon embarras fut adouci.
..... Pour toi ce sera même chose ;
Blaise ne sera pas fâché
Que son voisin ait arraché
Les épines d'après la rose.
 Amour, amour, amour, etc.

L'hymen agrandit ma famille,
Ton grand-père y mit seul la main :
Si j'eus des erreurs étant fille,
Je sus en préserver l'hymen;
Fais en tout comme moi, ma belle :
On peut pardonner un écart,
Lorsqu'on se montre, un peu plus tard,
Bonne mère, épouse fidèle.
   Amour, amour, amour,
   Tu m'as fui sans retour;
Mais ton souvenir reste encore,
Et des plaisirs de mon aurore,
Enfans, j'aime les souvenirs !
Contez-moi, contez-moi vos plaisirs.

Le Cosmopolite.

MOT DONNÉ EN 1816.

—

Fuyant l'orage à tire d'aile,
Délaissant la route des airs,
On te voit, timide hirondelle,
Te cacher en des lieux déserts.
Je t'imite et te rends hommage,
Dans ton exil, où je te suis ;
Peu m'importe un lointain rivage ?
Ma patrie est toute où je suis.

Mais qu'est-ce donc qu'une patrie ?
Ce sont des amis, des enfans ;
Les bras d'une épouse chérie,
D'un père courbé par les ans :
Partout nous trouvons notre mère,
Partout elle nourrit son fils ;
Tant que mes pieds touchent la terre,
Ma patrie est toute où je suis.

Pourtant une patrie est chère,
Au fond de mon cœur je le sens ;
Mais une terre hospitalière
A bien des droits à notre encens.
Fuyant le glaive politique,
Oubliant parfois mon pays,
Je dors en paix en Amérique :
Ma patrie est toute où je suis.

Le faste d'un brillant portique
Se ternit devant les autans,
L'abri d'une cabane antique
Reverdit à chaque printemps ;
Des palais fuyant la poussière,
Préférant champêtres lambris,
Sous le toit d'une humble chaumière,
Ma patrie est toute où je suis.

Des fers dorés de la puissance,
Le courtisan sent le fardeau
Lorsque, du géant qu'il encense,
Il veut atteindre le niveau.
Dans un pays, fût-il sauvage,
Où l'écho, qui redit nos cris,
N'entend pas le mot esclavage,
Ma patrie est toute où je suis.

L'astre qui brûle l'Arabie
Soumet la nature à ses lois ;
Il réchauffe la Sibérie
Et brunit le front du Gaulois;
Partout où son feu tutélaire
Ranime mes sens engourdis,
Partout où son disque m'éclaire,
Ma patrie est toute où je suis.

Sous les cyprès de ma patrie,
Je devais, dans la nuit des temps,
Allégé du poids de la vie,
Sommeiller près de mes enfans.
La mort vient partout nous surprendre ;
Si dans le séjour des bannis
Doit reposer un jour ma cendre,
Ma patrie est toute où je suis.

TABLE.

Préface	5
Mon Entrée au Gymnase	9
Saint-Louis	11
Le Lendemain des Amours	15
La Chasse aux Corbeaux	18
Mes Premiers Amours	21
Le Marchand de Vieux Habits	24
Conseils à Lisette	27
La Vieille Méchante	30
Le Troubadour	33
Rachel	36
Les Vendanges	38
Colin à Paris	41
Le Baiser d'Amour	44
Le Printemps du Buveur	46
Le Vieux Berger	48
Le Voile Transparent	51
Les Souvenirs de Jeunesse	54
La Clé des Champs	56
Les Ruines de Paris	58
Le Mal d'Amour	61
La Moisson	63
La Bonne Vieille	65
Le Cosmopolite	68

FIN.

www.ingramcontent.com/pod-product-compliance
Lightning Source LLC
LaVergne TN
LVHW051506090426
835512LV00010B/2372